Colección
Panhispánica de Poesía

Colección
Panhispánica de Poesía

MR.BREMOND

Mr. Bremond

Colección
Panhispánica de Poesía

Casa Bukowski
Editorial

©2022 Casa Bukowski
www.casabukowski.com
www.radiobukowski.org
www.academiabukowski.com
Contacto: editorial@casabukowski.com

Colección Panhispánica de Poesía

Mr. Bremond
©Mr. Bremond

Director de edición: Ivo Maldonado
Editor: Ivo Maldonado
Diseño de portada: Julio Cúmez
Diagramación y diseño de interiores: Julio Cúmez
Traducción: Antoine Bremond y Camille Joubert
Fotografias: Antoine Bremond

ISBN: 979-10-699-9931-2

Primera edición, Editorial Casa Bukowski. Santiago de Chile. 2022.

Todos los derechos reservados. Esta publicación no puede ser reproducida de forma total o parcial, ni registrada o transmitida en ninguna forma por ningún medio, sea mecánico, fotoquímico, electrónico, magnético, electroóptico, por fotocopia o por cualquier otro medio, sin el permiso previo por escrito del autor o la editorial.

Yayos

Una noche más con el vaso lleno
la misma mierda vomitada en la mesa
entre tres cacahuetes me enciendo un cigarrillo.
¡Qué adicción! Escucho...
¿El tabaco o el cacahuete?
Me vuelvo a sentar en el mismo punto
no sé qué mierda estaba escupiendo.
En cualquier caso, mi vaso está vacío.

Yayos

Une soirée de plus le verre plein

les mêmes conneries vomies sur la table

entre trois cacahuètes je m'allume une clope.

 Quelle addiction ! j'entends...

La clope ou la cacahuète ?

Je me rassois au même point

je sais plus quelle merde je crachais.

En tout cas, mon verre est vide.

Pregunta

Por la mañana o no, cada mañana tiene su pregunta,
 mis pensamientos son preguntas
¿Por qué tantas preguntas?
¿Son todos así?
Otra pregunta
sin respuesta,
el mundo gira.
Puede que sí;
nos hacemos demasiadas preguntas
la mente es así
buscamos respuestas
las busco
 mucho
¿Pero qué son?
deténgalas –
¿Preguntas?

Question

Matinal ou non, chaque réveil sa question,
 mes pensées sont questions
pourquoi tant de questions ?
Tout le monde est ainsi ?
encore une question
sans réponse, le monde vrille.
 Peut-être oui ;
nous nous posons trop de questions
l'esprit est ainsi
nous cherchons des réponses
 j'en cherche
beaucoup
Mais quelles sont-elles ?
arrête-les –
Questions ?

Profundidad de mente

Extraño sentimiento de impostura,

que me persigue hasta la basura

me digo que no, que sí, tonterías

 nunca se sabe, nunca se prevé

sale de aquí como un grito

un grito del infierno

incontrolable

inconmensurable

y no se puede romper

este torrente de palabra

que viene de las profundidades

de un océano oscuro

que me tiene loco

ayudadme,

podéis gritar...

No podemos oíros

te escuchas,

me oigo.

Profondeur d'esprit

Étrange sentiment d'imposture,

qui me hante jusqu'aux ordures

je me dis non, oui, des conneries

on ne sait jamais, on ne prévoit jamais

ça sort d'ici comme un cri

un cri de l'enfer

incontrôlable

incommensurable

et il ne peut être brisé

ce déversement de la parole

venant des profondeurs

d'un océan sombre

cela me rend fou

aidez-moi,

vous pouvez crier...

Nous ne pouvons pas vous entendre

tu t'écoutes,

je m'entends.

Cunilingus

El viaje de una lengua,

en bonitas curvas

un océano de piel suave

con un toque salado,

con delicadeza me sumerjo

en sus piernas preparadas

con impaciencia mi lengua se activa

endureció mi ser.

Mezcla de sabor y olor

que este camino nunca llegue –

al final.

Cunilingus

Le voyage d'une langue,
entre des courbes chaloupées
un océan de peau douce
gouté d'une touche salée,
délicatement je me plonge
entre ses jambes apprêtées
Impatiemment ma langue s'active
durci mon être.
Mélange de saveur et d'odeur
que ce chemin ne prenne jamais –
Fin.

Nada

Todavía ningún recuerdo

me veo salir

siempre la misma historia, el mismo camino,

drogarse para no recordar nada

esta nada que llena nuestras vidas

tan mierdosas que preferimos olvidar.

Historias que contarse para llenar esta nada.

Nos importa un carajo y sin embargo

volvemos todas las semanas para conseguir nuestra dosis

recordar que no somos nada y que esta noche siempre será igual

bueno, no estoy seguro, ya lo he olvidado

¿O es que me importa un carajo?

Todavía ningún recuerdo.

Rien

Encore aucun souvenir

je me revois partir

toujours la même histoire, le même chemin,

se défoncer pour se souvenir de rien

ce rien qui comble nos vies

tellement à chier qu'on préfère oublier.

Des histoires à se dire pour remplir ce rien.

On n'en a rien à branler et pourtant

on y retourne chaque semaine histoire d'avoir sa dose

se rappeler qu'on n'est rien et que ce soir sera toujours pareil

enfin pas certain, j'ai déjà oublié

ou n'en ai-je rien à foutre ?

Encore aucun souvenir.

Bofetada

El bofetón,

terminando en esta jeta

asombrada, maravillada, la gente la recibió.

Vamos a cagarnos de nuevo

el respeto se aprende

la socialización ya no existe

todo el mundo se siente libre

y así encerrado.

Hipocresía de un país enfermo

de una sociedad enferma.

El paliativo no es suficiente.

Dejémonos morir

para reconstruir mejor,

dejamos oportunidad al futuro

o más bofetones

terminarán en nuestras jetas.

Gifle

La giflasse,

finissant dans cette gueule

étonné, ébahi, le peuple l'a prise.

Chions encore sur nous autres

le respect s'apprend

la socialisation n'existe plus

chacun se sent libre

et si enfermé.

Hypocrisie d'un pays malade

d'une société malade.

Le palliatif ne suffit pas.

Laissons-nous mourir

pour mieux reconstruire,

laissons une chance au futur

 ou d'autres giflasses

 finiront dans nos gueules.

¡Para!

Quizá no sea necesario añadir nada más

ya vemos bastante

este atolladero infinito que apreciamos

sin saberlo ni admitirlo

siempre se repite

joder siempre

tonterías de frustrados dispuestos a todo

para destruir el mundo sin rencor

estas riñas de imbéciles

¡Basta ya joder!

Despertemos de esta pesadilla

seamos humanos

humanos, qué chiste

me da arcadas y ¿qué hago?

Nada, espero como todos los demás

estoy débil y frustrado tal vez

me quedo atascado y me gusta

sin saberlo lo repito

 no voy a añadir nada más.

Arrête !

Sans doute pas la peine d'en rajouter

on en voit déjà assez

ce bourbier infini que nous chérissons

sans le savoir ou l'avouer

toujours ça recommence

putain toujours

des conneries de frustrés prêts à tout

pour détruire le monde sans rancœur

ces chamailleries de connards

on en a assez putain

réveillons-nous de ce cauchemar

soyons humains

humains, la blague

J'en ai la gerbe et je fais quoi ?

Rien j'attends comme tout le monde

je suis faible et frustré peut être

je m'embourbe et j'aime ça

sans le savoir je recommence

je vais pas en rajouter.

Plato vacío

El bucle no está terminado

serás el primero en comentar

ni siquiera ofenderte

se ven muchas cosas ya.

¿Una guerra, un muerto, una violación?

¿Guerras, muertos, violaciones?

El cotidiano comentado por "expertos"

que no saben nada más que ayer

y mañana sabrán menos

hoy me cansa,

como ayer y mañana.

Plat vide

La boucle n'est pas finie

tu seras le premier à commenter

même pas à t'offusquer

t'en vois déjà tellement.

Une guerre, un mort, un viol ?

Des guerres, des morts, des viols ?

Un quotidien commenté par des « sachants »

 qui ne savent rien de plus qu'hier

et n'en sauront que moins demain

aujourd'hui me fatigue,

comme hier et demain.

Paloma

¿Desde cuándo existe la esperanza?

Esa mierda abstracta que esperamos

¿Ha existido alguna vez?

¿Desde cuándo esperamos?

Cómo mantener la esperanza

Cuando el hombre ha conducido, conduce y solo conducirá a

¿Destrucción?

La esperanza no existe,

no la esperes,

este eufemismo sirve para mantener

los ingenuos.

Tú, yo, nosotros

no hay esperanza.

        Oscura esta noche.

Colombe

Depuis quand l'espoir existe ?

Cette merde abstraite que l'on attend

a-t-elle déjà existé ?

Depuis quand espère-t-on ?

Comment continuer à maintenir l'espoir

Quand l'homme n'a mené, ne mène et ne mènera qu'à

la destruction ?

L'espoir n'existe pas, ne l'attends pas,

cet euphémisme sert à faire attendre

les naïfs.

Toi, moi, nous

Pas d'espoir.

     Noir ce soir.

La escena

La puerta estaba abierta

parece que entra una multitud

once almas lejos de sospechar

esta realidad vivida este año,

estos largos meses de jugar, de cavar -

descubrirse

 amigos, alegría, una compañía.

Una mezcla de emociones incontrolables

y ya no es teatro,

la obra ha terminado,

más allá del espíritu hay una lógica

el destino me ha hecho feliz

nosotros

solo comenzamos un futuro

que será placer, placer, placer...

disfrutemos de estos momentos.

En un mundo que se desmorona bajo el deshonor

la puerta queda abierta.

La scène

La porte était ouverte

une foule entre on dirait

onze âmes loin de se douter

cette réalité vécue cette année,

ces longs mois à jouer, à creuser –

se découvrir

des amis, de la joie, une troupe.

Un mélange d'émotions incontrôlables

et ce n'est plus du théâtre,

le jeu est fini,

au-delà de l'esprit c'est une logique

le destin m'a rendu heureux

nous

débutons seulement un futur

qui sera plaisir, plaisir, plaisir...

Apprécions ces moments.

Dans un monde qui croule sous le déshonneur

la porte reste ouverte.

Boulet

El castigo del despertar,

esta bola negra se hace cargo

poco respiro para olvidar

el cañón nunca se desarma.

No puedo - explicarlo -

cada momento es un dolor,

un miedo,

perder el control y dejarme llevar.

Ansío dejarme llevar,

no dejarme morir,

respirar sin dolor

y apoderarme de los miedos

Ya no espero cerrar los ojos,

ya no lo quiero.

El sueño como recompensa.

Boulet

La punition du réveil,

cette boule noire reprend le dessus

peu de répit pour oublier

le canon ne se désarme jamais.

Je ne peux l'expliquer que –

chaque moment est une douleur,

une peur,

de ne plus contrôler et de me laisser aller.

J'aspire à tout lâcher,

pas me laisser crever,

respirer sans douleur

et prendre le dessus sur mes peurs.

Ne plus attendre de fermer les yeux,

plus jamais je n'le veux.

Le sommeil comme récompense.

Salgamos de aquí

Más vómitos esta mañana

siguen los mismos pendejos en la televisión

siempre los mismos pendejos en las redes

héroes del cotidiano mi culo

nos auto asfixiamos en el anonimato

nos dejamos llevar por el anonimato

tenemos ojos solo para los bufones

la tierra arde, la tierra muere

pero vamos

sigamos con este espíritu moribundo

es más fácil dejarse morir

repleto de sueños de mierda

vayamos al espacio y caguemos en la tierra desde un poco más
arriba

hagamos popular un ejército de analfabetos chalados

 los jóvenes se quejan pero absorben el mal

vamos a chuparnos y lamernos realmente –

más bien,

que vivir en la mierda,

demuéstrame que la vida es bella

cuando mis ojos sangran ante tanta mierda.

Todavía más vómitos esta noche.

Sortons d'ici

Encore la gerbe ce matin

toujours ces mêmes connards à la télé

toujours ces mêmes connards sur les réseaux

héros du quotidien mon cul

on s'autoasphyxie dans l'anonymat

on se fait avoir par l'anonymat

on a d'yeux que pour des bouffons

la terre brûle, la terre crève

mais nous y allons

continuons dans cet esprit moribond

il est plus facile de se laisser mourir

bourré de rêves à la con

allons-y dans l'espace chier sur la terre d'un peu plus haut

rendons populaire une armée d'analphabètes détraqués

jeunesse qui se plaint mais qui suce le mal

suçons-nous et léchons-nous vraiment –

plutôt,

que de vivre à travers des conneries,

prouve-moi que la vie est belle

quand mes yeux saignent devant tant de merde.

Encore la gerbe ce soir.

Seguidor

Este deseo de reconocimiento,

ensucia nuestras relaciones.

¿Por qué siempre chupar?

Buscar la aceptación,

soñando con la vida de los demás

de su círculo nauseabundo

para cambiar nuestro comportamiento

para sentirse importante

despreciar a los que te rodean,

crees que estás subiendo la escalera,

pero sigues siendo tú,

la misma mierda vacía de fondo

solo eres un seguidor y seguirás siéndolo –

a los ojos de los que chupas.

¡Mírate y cállate!

Ya ni siquiera te reconoces.

Suiveur

Cette envie de reconnaissance,
dégueulasse nos relations.
Pourquoi toujours sucer ?
chercher à se faire accepter,
rêver de la vie des autres
de leur cercle nauséabond
changer de comportement
pour se sentir important
mépriser ton entourage,
tu crois monter l'échelle,
pourtant tu restes toi,
la même merde vide de fond
tu n'es qu'un suiveur et tu le resteras-
aux yeux de ceux que tu pompes.
Regarde-toi et ferme là !
Tu ne te reconnais même plus.

El sueño ardiente

Aquí vamos por una noche,

me siento mecido muy rápidamente

mi cabeza probablemente demasiado cerca de la pared

o es debido a los porros ahumados justo antes

no importa, la caminata puede comenzar,

nunca estoy solo en este bosque, pero joder ¡qué calor!

Por suerte su culito es una palanca

menos caliente pero más duro

más duro pero más caliente

solo este calor en mi cabeza

al oírla respirar me siento observado

seguramente demasiado alto y sin embargo,

el ojo permanece abierto la mente permanece clara

solo veo una cosa que hacer

en estos momentos –

agarro mi polla y juego con ella

el viaje del sueño puede comenzar

caliente y húmedo,

buenas noches.

Sommeil brulant

C'est parti pour une nuit,

je me sens bercé très rapidement

la tête sûrement trop proche du mur

ou la faute aux sapins enfumés juste avant

Peu importe la balade peut commencer,

jamais seul dans cette forêt mais putain quelle chaleur !

Par chance son petit cul fait effet levier

moins chaud mais plus dur

plus dur mais plus chaud

que cette chaleur en tête

l'entendant respirer je me sens observé

sûrement trop défoncé et pourtant,

l'œil reste ouvert l'esprit reste clair

je ne vois qu'une chose à faire

dans ces moments –

je m'attrape la verge et tire dessus

la balade ensommeillée peut commencer

chaude et humide,

bonne nuit.

Mayrit

La vida es a borbotones,

el ojo abierto un poco más deslumbrado

los colores, los olores, los ruidos,

la ceguera me alcanza.

Nunca dejo de tener sed de ti

codicia incontrolable

sólo quiero abrir los ojos para verte

para conocerte y reconocerte

para descubrirte y redescubrirte.

Atrapas a tus visitantes

les ciegas con tu esplendor,

estas almas perdidas y desgarradas

sin puntos de referencia se pierden y se vuelven a perder

sin pensar se dejan –

hundir por tu melodía y tu corazón

yo mismo, atrapado, ya no puedo,

ya no quiero dejarte,

ciudad del sol has acabado con mis ojos

ciego de ti, Madrid

tu vida surgió en mí.

Mayrit

La vie est jaillissante,

l'œil ouvert un peu plus ébloui

les couleurs, les odeurs, les bruits,

la cécité me rattrape.

Je ne cesse d'avoir soif de toi

gourmandise incontrôlable

je ne veux ouvrir l'œil que pour te voir

te connaître et te reconnaître

te découvrir et te redécouvrir.

Tu attrapes tes visiteurs

tu les aveugles de ta splendeur,

ces âmes perdues et déchirées

sans repères ils se perdent et se reperdent

se laissant inconsciemment –

engloutir par ta mélodie et ton cœur

moi-même attrapé je ne peux plus,

ne veux plus te quitter,

ville soleil tu as eu raison de mes yeux

aveugle de toi, Madrid

ta vie jaillit en moi.

Lavapiés

Lavapiés me paseo entre tus curvas

tus calles ascendentes me arruinan

tanta belleza, tanta tentación

cada esquina es una parada

obligatorio es estar relajado

después de veinte metros ya tres barras

cómo esperar no llegar tarde

me atrapas y me mantienes

haciéndome bailar y bajar la guardia

recuerdos y momentos perdidos

dispersos por todos lados

me arruinas con tu belleza

lo haces con todos nosotros

cada persona sale de ti cambiada

nos sentimos bien aquí y allá

en todas las calles

estoy en casa.

Lavapiés

Lavapiés je me balade entre tes courbes

tes rues montantes me ruinent

tant de beauté, de tentation

chaque recoin est un arrêt

obligatoire d'être détendu

après vingt mètres déjà trois bars

comment espérer ne pas rentrer tard

tu m'attrapes et tu me gardes

à m'en faire danser et baisser ma garde

des souvenirs et moments égarés

en sont partout éparpillés

tu me ruines de ta beauté

tu le fais avec nous tous

chaque personne en sort changée

on se sent bien ici et là

dans toutes les rues

je suis chez moi.

VERANO

Tengo calor,
hace calor
todo está caliente
joder no puedo soportarlo más
mi cuerpo se derrite
mi mente se vuelve loca
no sé –
¿Quién soy yo?
Tengo calor
una vez más.
Madrid, el verano
¡La canícula me jode!

ÉTÉ

J'ai chaud,

il fait chaud

tout est chaud

putain j'en peux déjà plus

mon corps fond

mon esprit en devient con

je ne sais plus –

Qui je suis ?

J'ai chaud

encore une fois.

Madrid, l'été

La canicule m'emmerde!

Adicto

Lleno de adicciones,

me siento desvariar

esta necesidad permanente

de autodestrucción

aunque

mi mayor adicción

reside en tu cuerpo

en su totalidad

tu dulzura me abruma

con todo este amor por ti

la adicción puede ser buena

cuando estás conmigo

ser adicto a ti

¡Qué alegría!

Sólo cuando estás aquí

lejos de ti me siento volcado

como borracho, deprimido

por no poder responder

a las llamadas de mi corazón.

Quédate conmigo

       siempre conmigo.

Addict

Bourré d'addictions,

je me sens divaguer

ce besoin permanant

d'autodestruction

pourtant

ma plus grande addiction

réside dans ton corps

dans ton entièreté

ta douceur m'accable

de tout cet amour pour toi

l'addiction peut être bonne

quand tu es avec moi

être addict à toi

Quelle joie !

Seulement quand tu es là

loin de toi je me sens chavirer

comme bourré, déprimé

de ne pas pouvoir répondre

aux appels de mon cœur.

Reste avec moi

toujours avec moi.

Amuerte

Todavía mal esta mañana
 un lunes de lo más oscuro
supera la realidad
todavía quiero pararlo todo
me digo que estaré mejor
en mi puto lecho
contigo
fumar, hablar, follar
sin aflojar el abrazo de nuestro amor.
Pero no lo es,
estoy fijo frente a la pared
no tengo fuerza para cruzar
solo déjame morir
o amarte.

Amort

Encore dans le mal ce matin

un lundi des plus sombres

la réalité reprend le dessus

j'ai encore envie de tout arrêter

je me dis que je serai mieux

dans mon putain de pieux

en ta compagnie

à fumer, parler, baiser

sans relâcher l'étreinte de notre amour.

Mais ce n'est pas le cas,

je suis figé face au mur

je n'ai pas la force de traverser

laisse-moi juste crever

ou t'aimer.

Substancia

La necesito cada día

para dormir

para morir

me ayuda

A qué ?

Suicidarme.

Un suicido de cobarde

que no quiere morir

pero sería la solución

para realmente sonreír.

Fumo, bebo, me masturbo...

Siempre para olvidar

que hay tanto mal

en este puto mundo,

la substancia

me matará

o no.

Como dice Emil

que inconveniente haber nacido

pero cada mañana

me despierto contigo

Substance

J'en ai besoin tous les jours

pour dormir

pour mourir

cela m'aide

À quoi ?

Me suicider

le suicide d'un lâche

qui ne veut pas mourir

mais ce serait la solution

pour vraiment sourire.

Je fume, je bois, je me masturbe...

pour toujours oublier

qu'il y a tellement de mal

dans ce putain de monde,

la substance

me tuera

ou pas.

Comme le dit Emil

quel inconvénient d'être né

mais chaque matin

je me réveille avec toi

y pienso...

Que suerte vivir

para mirar tu sonrisa

Y un día ;

realmente morir...

a tu lado.

Te necesito

mi real substancia,

siempre yo te lo pido.

Quédate

a mi lado

mi Camille.

et je me dis...

Quelle chance de vivre

pour regarder ton sourire

et un jour;

réellement mourir...

À tes côtés.

J'ai besoin de toi.

Ma vraie substance,

pour toujours, je te le demande.

Reste

à mes côtés

ma Camille.

Perla

Puedes morir mañana,

la vida no es gran cosa como nos dicen

 depende de lo que se trata,

en este océano de mierda interminable que huele la tristeza

 de los pocos años que nos quedan

encontré mi perla en el barco de mi vida

esta barca que se mueve lentamente sin hacer ruido

tratando de pasar entre esos idiotas para sobrevivir.

¿Sobrevivir para qué, para quién?

Mi perla brilla, el día, la noche, la vida

embellece mi oscuro e inacabado caparazón

tapa mis agujeros me dice que siga adelante

me hace remar para ver lo bello, la alegría sin estar borracho

qué sentido tiene si es para caer

en este océano de mierda infinita? ¿Para sobrevivir?

Mi perla me deslumbra, estoy ciego,

los ojos abiertos, entiendo, mi perla

mi ojo, la percepción difiere y el hundimiento es más que bien-
venido

la mierda desapareció, el olor es agradable,

la relajación apreciable, la mente negra y retorcida

derrotado.

Perle

Tu peux mourir demain,

La vie ne tient à pas grand-chose qu'on nous dit

dépend sur quoi elle tient,

dans cet océan de chiasse infinie sentant la tristesse

du peu d'années qu'il nous reste

j'ai trouvé ma perle sur le navire de ma vie

cette coque toute plate avançant lentement sans faire de bruit

essayant de se faufiler entre ces cons pour survivre.

Survivre pour quoi, pour qui ?

Ma perle brille, le jour, la nuit, la vie

embellit ma coque sombre et inachevée

elle bouche mes trous me dit d'avancer

me fait ramer pour voir le beau, la joie sans être ivre

à quoi bon si c'est pour tomber

dans cet océan de merde infinie ? Survivre ?

Ma perle m'éblouit, je suis aveugle,

les yeux ouverts je comprends, ma perle

mon œil, la perception diffère et le naufrage n'est que bienve-
nu

la merde a disparu, l'odeur est agréable,

la détente appréciable, l'esprit noir et tordu ?

Vaincu.

Mi perla es el amor,

el amor es mi vida

es una ecuación simple,

solo vivo para mi perla hoy.

Ma perle c'est l'amour,

l'amour c'est ma vie

l'équation est simple,

la vie ne tient qu'à ma perle aujourd'hui.

Concha

Conchas, conchas, conchas

dejadme en paz

cada momento de vida está iniciado por una concha

es una verdad, sin ella no estás

escucha tío, te gusta tanto

pero porque solo ella

la concha sin su roca no tiene vida,

es como su cuerpo, su alma,

donde las arrugas de su vida desfilan a toda prisa

hacen que esta concha exista

con olas diferentes, dulces o dolorosas

pero no te olvidas de la roca,

que estas olas pueden cambiar

depende de lo que se presente

si la roca muere, la concha muere.

La conque

Coquilles, coquilles, coquilles

laissez-moi tranquille

chaque moment de la vie est initié par une coquille

c'est une vérité, sans elle tu n'es pas là.

écoute mec, tu l'aimes tellement

mais pourquoi seulement elle

la coquille sans son rocher n'a pas de vie,

c'est comme son corps, son âme,

où les rides de sa vie défilent à toute vitesse

elles font exister cette coquille

avec des vagues différentes, douces ou douloureuses

mais n'oublie pas la roche,

que ces vagues peuvent changer

dépend de ce qui se présente

si le rocher meurt, la coquille meurt.

Avión

Ocho de la mañana, listo para mi vuelo

los mismos lugares, las mismas sombras, pero tan diferentes

los ruidos, los idiomas, las conversaciones

como siempre observo estas idas y vueltas, esta vida,
esperando mi vuelo

¿Cuál será el próximo destino?

¿Cómo será esta futura aventura?

Me voy, el ruido de las conversaciones sigue de fondo

me acomodo, mal, como siempre, y espero, solo, triste

el inminente despegue y el fin de las prisas que tiene la gente
por subir al puto avión

un hombre a mi lado ya se está durmiendo, ¿Quién será?

¿Por qué va allí también?

¿Cree que solo soy un joven viajero en busca de aventuras
y libertad?

¿Le importa un bledo?

Todos volamos hacia el mismo destino y estamos tan solos,

cada uno observa, juzga, comenta, imagina la vida del otro

Por qué no tengo esta exclusividad para ir solo

Me siento ya solo qué sentido tiene estarlo?

Miles de personas, miradas, intercambios, discusiones,
contratos se cruzarán hoy

Aéroplane

Huit heures du matin, prêt pour mon envol

mêmes endroits, mêmes ombres, mais si différents

les bruits, les langues, les conversations

comme d'habitude j'observe ces vas et viens, cette vie, en at
tendant mon vol

Quelle sera la prochaine destination ?

À quoi ressemblera cette future aventure ?

Je m'en vais, le bruit des conversations toujours en fond

je m'installe, mal, comme d'habitude, et j'attends, seul, triste

le décollage imminent et la fin de cette hâte qu'ont les gens
montant dans ce putain d'avion

Un homme à côté de moi s'endort déjà, qui peut-il bien être ?

Pourquoi va-t-il là-bas lui aussi ?

Pense-t-il que je ne suis qu'un jeune voyageur en quête
d'aventure et de liberté ?

En a-t-il quelque chose à foutre de moi ?

Nous volons tous vers la même destination et sommes tous si
seuls,

chacun s'observe, se juge, commente, imagine la vie de l'autre

pourquoi n'ai-je pas cette exclusivité de partir seul

Je me sens déjà seul à quoi bon l'être réellement ?

Des milliers de personnes, de regards, d'échanges, de discus-
sions, de contrats vont se croiser aujourd'hui

innumerables posibilidades de acción en un espacio
       con límites y en un tiempo definido

una multitud de vidas

aunque este es el lugar donde más se siente la soledad

el ego y uno mismo por encima de todo

para llegar al mismo lugar que los demás

a casa.

d'innombrables possibilités d'actions sur un espace restreint
et dans un temps défini

une multitude de vie

pourtant c'est bien l'endroit où la solitude se fait le plus sentir

l'égo et soit même avant tout

pour se rendre au même endroit que tout le monde

à la maison.

Erudito

La gente lo sabe todo,

hoy no hay misterio

mañana ya lo sabemos todo

la noticia se produjo ayer

continúa hoy

sin parar mañana

que todo es sombra.

Savants

Les gens savent tout,
aujourd'hui pas de mystère
demain on sait déjà tout
la nouvelle a eu lieu hier
elle continue aujourd'hui
sans s'arrêter demain
que tout est sombre.

Azul

Azul, más azul
infinitas tonalidades de azules
miro por la ventana
el océano, el cielo se mezclan
para convertirse en uno
¿Dónde estoy?
Sin un punto de referencia,
no sé, ya no sé
espero ver a este ángel
para confirmar mi idea,
mi deseo
estoy en la tierra
entre el cielo y el mar
estoy en casa, perdido en casa
metáfora de mi mente,
todo es uno pero nada es azul.
Negro.

Bleu

Du bleu, encore du bleu

des teintes azurées à n'en plus finir

je regarde par le hublot

l'océan, le ciel se mélangent

pour ne faire qu'un

Où suis-je ?

Sans repère,

je ne sais pas, je ne sais plus

j'attends de voir cet ange

pour confirmer mon idée, mon envie

je suis sur terre

entre ciel et mer

je suis chez moi, perdu chez moi

métaphore de mon esprit,

tout s'unit pourtant rien n'est bleu.

Noir.

Naufragio

Hoy, la fiebre se apodera de mi

siempre la misma mierda en la mente

en los meandros de la ansiedad

siento que me hundo –

bajo esta carga que me aplasta y me arrastra

no puedo volver a subir,

no sé si podré

el aire se está enrareciendo y mis pensamientos también

llego al fondo sin apenas nadar

me quedo sin aire, me asfixio, me hundo

no puedo luchar más.

En esta fiebre abisal

hoy, he vuelto a perder, estoy siempre perdido.

Naufrage

Aujourd'hui, la fièvre prend le dessus

toujours la même daube à l'esprit

dans les méandres de l'anxiété

je me sens sombrer –

sous cette charge qui m'écrase et m'entraine

j'arrive pas à remonter,

je sais pas si j'y arriverai

l'air se fait rare et mes pensées aussi

j'arrive au fond sans même nager

je manque d'air, j'étouffe, je coule

je peux plus me débattre.

Dans cette fièvre abyssale

aujourd'hui, j'ai encore perdu, je suis toujours perdu.

Veneno

Errancia envenenada,
 cada noche se esfuma –
una pizca de vida arruinada entre mis dedos
 mi boca anhela la muerte.
Me siento muy bien,
una vez la colilla aplastada.
Es la felicidad destructiva
o la destrucción conduce a la felicidad?
Estoy en mis pensamientos
envuelto en un paño blanco
con olor a fruta todo parece tan hermoso
sin embargo, el hedor regresa
y este veneno es un verdadero demonio.

Venin

Errance empoisonnée,

chaque soir parti en fumé –

un soupçon de vie gâché entre mes doigts

ma bouche aspire au trépas.

Je me sens si bien,

 une fois le mégot écrasé.

Le bonheur est destructeur

ou la destruction mène au bonheur ?

J'ère dans mes pensées

enrobé d'une nape blanche

odeur fruitée tout paraît si beau

pourtant la puanteur revient

et ce poison est un vrai venin.

Globo Ocular

Mis queridos ojos redondos

se parecen a la tierra

mis queridos ojos profundos

forman parte de mi universo

con este blanco

Reflejo del cielo?

con este verde

Reflejo de la naturaleza?

con este marrón

Reflejo de la mierda?

Mis queridos ojos redondos

parecen tristes

mis queridos ojos profundos

forman parte de un universo

pero en el reflejo

no está el cielo ;

está un mundo duro

donde la naturaleza sufre

y no hay mucho verde solo mucha mierda

es por lo que yo los cierro

mis queridos ojos redondos.

Globe oculaire

Mes chers yeux ronds

ils ressemblent à la terre

mes chers yeux profonds

ils font partie de mon univers

avec ce blanc

Reflet du ciel ?

avec ce vert

Reflet de la nature ?

avec ce marron

Reflet de la merde ?

Mes chers yeux ronds

semblent tristes

mes chers yeux profonds

font partie d'un univers

mais dans le reflet

il n'y a pas de ciel ;

il y a un monde dur

où la nature souffre

et il n'y a plus trop de vert

seulement beaucoup de merde

c'est pourquoi je les ferme

mes chers yeux ronds.

LLanura

Resaltando mis pensamientos

los más oscuros los más cerrados

a cambio de un poco de tiempo

por parte de vosotros mi gente

no es mejor acabar con esto

irse, irse corriendo

sobre estas vastas extensiones

con vosotros los que estáis desnudos

mirad y disfrutad

este espectáculo de tanta belleza

sin filtros solo verdad

para al final convencernos

que vosotros mi gente, sois diferentes

 solamente en vuestros más –

blancos pensamientos – Shh.

Plaine

Surbrillance de mes pensées

les plus noires les plus fermées

en échange d'un peu de temps

de la part de vous ces gens

n'est-il pas mieux d'en finir

s'en aller, aller courir

sur ces vastes étendues

avec vous ces gens nus

regardez et appréciez

ce spectacle de toute beauté

plus de filtres que du vrai

pour enfin se dissuader

que vous ces gens, êtes différents

seulement dans vos plus –

blanches pensées – Chut.

Aullido de un hipócrita

-¿Quieres ser rico?

-Si

-¿Por qué?

-Tener dinero

-Sí, pero ¿pa qué?

-Muchas cosas

-¿Para qué?

-Mis pasiones

-¿Qué pasiones?

-Um...

-¿Sí?

-Um...

-¿Y sino?

-Tener dinero

-¿Te gustan los números?

-¿Qué?

-¿Te gusta el papel?

-No entiendo.

-¿No te gusta nada?

-Pfff...

-Pobre mierda

¿Quieres dinero?

Para mostrarlo

Hurlement d'un Hypocrite

-Tu veux être riche ?

-Oui

-Pourquoi ?

-Avoir de l'argent

-Oui, mais pour quoi faire ?

-Beaucoup de choses

-Quoi ?

-Mes passions

-Quelles passions ?

-Hum ...

-Oui ?

-Hum ...

-Et sinon ?

-Avoir de l'argent

-Tu aimes les chiffres ?

-Quoi ?

-Tu aimes le papier ?

-Je ne comprends pas.

-Tu n'aimes rien ?

-Pfff...

-Pauvre merde

-Tu veux de l'argent ?
Pour le montrer

en este mundo

gobernado por el dinero

por la nada

algo que no existe

en lugar de amar

apreciar

disfrutar

de lo real –

compartes tus putas fotos

en las redes

tu dinero

tu pseudofelicidad

me haces vomitar

gracias a ti

o por ti

nos vamos

derechos al muro

lo quieres todo

lo que no es bueno

lo quieres todo

porque no tienes...

Puta personalidad

no

puta vida

no

tú no eres nadie.

Dans ce monde

Dirigé par l'argent

Par le néant

Quelque chose qui n'existe pas

Au lieu d'aimer

Apprécier

Profiter

Du vrai –

Tu partages tes putains de photos

Sur les réseaux

Ton argent

Ton pseudo bonheur

Tu me fais vomir

Merci à toi

Ou à cause de toi

Nous allons droit au mur

Tu veux tout

Ce qui n'est pas bon

Tu veux tout

Parce tu n'as pas...

De putain de personnalité

Non

Aucune putain de vie

Non

Tu n'es personne.

Eres lo que sueñas

tu maldito dinero

como tú

el dinero te controla

y tú has perdido tu vida

eres un peón

y vas a perder.

Puta mierda

civilización.

Te detesto.

Por haber hecho de nuestras vidas

el Infierno

gobernado –

por el dinero

gobernado –

por el deseo

gobernado –

por la mierda

te detesto.

Tú, yo, nosotros

nos vamos derechos al muro

acabemos con esto

ahora, ahora, ahora.

Por favor,

La nada.

Mierda.

Tu es comme ce dont tu rêves

Ton putain d'argent

Tout comme toi

L'argent te contrôle

Et tu as perdu ta vie

Tu es un pion

Et tu vas perdre.

Putain de merde

De civilisation.

Je te déteste.

Pour avoir fait de nos vies

L'enfer

Gouverné –

Par l'argent

Gouverné –

Par le désir

Gouverné –

Par la merde

Je te déteste.

Toi, moi, nous

Fonçons droit dans le mur

Finissons-en

Maintenant, maintenant, maintenant,

S'il te plaît

le néant.

Merde.

Paraíso transitorio

Caminar, caminar

bajo el canto de los pájaros

y el ruido de las motos.

Caminar, caminar

sin respirar demasiado,

las puertas se acercan

camino, camino

mi meta está cerca

mi respiración se acelera

mis sentidos se agitan

 mi nariz se hincha

orgasmo olfativo

respiro, respiro,

el romanticismo de la tierra

dulce aroma de lila,

este oasis parece interminable

nado bajo los pétalos

y las risas de la gente

escucho, escucho,

el ruido de la ciudad

que ahoga esta felicidad –

efímero, me voy

bajo este cielo gris y el ruido de las motos.

Corre.

Paradis transitoire

Marche, Marche

sous le chant des oiseaux

et le bruit des motos.

Marche, marche

sans trop respirer,

les portes s'approchent

je marche, je marche

mon objectif est proche

mon souffle s'accélère

mes sens sont agités

mon nez est gonflé

orgasme olfactif

je respire, je respire,

le romantisme de la terre

le doux parfum du lilas,

cette oasis semble sans fin

Je nage sous les pétales

Et les rires des gens

J'écoute. J'écoute.

Les sons de la ville

qui noient ce bonheur -

éphémère, je pars

sous cette grisaille et le bruit des motos.

Cours.

Onanismo

Tercera paja del día
es la una de la tarde.
Me levanto seco como una pasa
me balanceo y no huele bien,
capitán el barco se va a hundir.
Termino de orinar el poco líquido que queda
un vaso de agua y la comida está hecha!
Podré pajarme de nuevo.

Onanisme

Troisième branlette du jour

il est treize heure.

Je me lève asséché comme un raisin

je tangue et ça sent pas bon,

capitaine le navire va couler.

Je finis de pisser le peu de liquide restant

un verre d'eau et le ravito est fait !

Je vais pouvoir me rebranler.

Mr. Bremond
(Francia)

Mr. Bremond es un simple soñador que no deja de soñar y que nunca ha dejado de hacerlo, probablemente planteándose demasiadas preguntas. Pocas respuestas pero pensamientos, encuentros, a veces amor y alegría.

Su viaje comenzó en Francia, con algunas paradas a muy temprana edad en Europa para iniciar sus primeros años y conocer al "más allá".

Su deseo de vagar y descubrir no cesa de crecer con el tiempo. Una ciudad o incluso un país siendo demasiado pequeños para su hambre del mundo, desea ver más y conocer, siempre conocer, una y otra vez.

Hoy viaja, a menudo, solo, para descubrir lugares guardados en secreto, cerca de las poblaciones más amables y ocultas.

Es un hombre del mundo como le gusta decir, no desea limitarse a un lugar o a un origen porque cada persona merece atención y cada persona merece ser reconocida y cada persona es igual, el mundo es vasto, el Sr. Bremond es pequeño, desea seguir creciendo, encontrándose con usted, pero antes, bienvenidos a una parte de su universo, bienvenidos a su encuentro,

Para lo mejor,

O no.

Mr Bremond est un simple rêveur qui ne cesse et n'a cessé de rêver à s'en poser sûrement trop de questions. Peu de réponses mais des pensées, des rencontres, parfois de l'amour et de la joie.

Son parcours débute en France avec quelques haltes très jeunes en Europe pour débuter ses premières années et prendre goût à « l'au-delà ».

Ses envies d'errance et de découverte ne cessent de croître au fil du temps. Une ville ou même un pays étant trop petits pour sa faim du monde, il souhaite voir plus et rencontrer, toujours rencontrer, encore et encore.

Aujourd'hui il voyage, souvent, seul, à la découverte d'endroits gardés secrets, au plus près des populations les plus aimables et les plus cachées.

C'est un homme du monde comme il aime à dire, il ne souhaite pas se cantonner à un lieu ou à une origine car chaque personne mérite de l'attention et chaque personne mérite d'être reconnue et chaque personne est égale, le monde est vaste, Mr Bremond est petit, il souhaite continuer de grandir, en vous rencontrant, mais avant ça, bienvenus à vous dans une partie de son univers, bienvenus à sa rencontre,

Pour le meilleur,

Ou pas.

Casa Bukowski
Editorial

www.ingramcontent.com/pod-product-compliance
Lightning Source LLC
Chambersburg PA
CBHW020738160726

47993CB00006B/2503